この本の使い方

① ここから読もう！

目標は1分！ 声に出して、楽しく読むことが大切！

② よみがなを読もう！

自然と漢字の力も身につくよ！

③ タイムを記入しよう！

速く読めたら褒めてもらおう！

④ 何度も挑戦しよう

前回の記録に挑戦！
自己ベスト更新をめざそう！

START

一日は暮れるし 腹は減るし……

こへ行っても、泊めてくれる所はなさそうだし——こんな思いをして生きているくらいなら、いっそ川へでも身を投げて、死んでしまった方がましかもしれない。」

杜子春はひとりさっきから、こんな取りとめもないことを思いめぐらしていたのです。

目標15秒

するとどこからやって来たか、突然彼の前へ足を止めた、片目眇の老人があります。それが夕日の光を浴びて、大きな影を門へ落とすと、じっと杜子春の顔を見ながら、

「お前は何を考えているのだ。」と、横柄に言葉をかけました。

目標30秒

「私ですか。私は今夜寝る所もないので、どうしたものかと考えているのです。」

老人の尋ね方が急でしたから、杜子春はさすがに眼を伏せて、思わず正直な答をしました。

「そうか。それは可哀そうだな。」

目標45秒

老人はしばらく何事か考えているようでしたが、やがて、往来にさしている夕日の光を指さしながら、

「ではおれがいいことを一つ教えてやろう。今この夕日の中に立って、お前の影が地に映ったら、その頭に当たる所を夜中に掘ってみるがいい。きっと車に一ぱいの黄金が埋まっているはずだから。」

繰り返し挑戦しよう!

回	分	秒
1回目	分	秒
2回目	分	秒
3回目	分	秒
4回目	分	秒
5回目	分	秒
6回目	分	秒
7回目	分	秒
8回目	分	秒
9回目	分	秒
10回目	分	秒

JN022853

速音読ドリルで

小学校全学年対応

こんな効果が期待できます！

集中力UP！

注意力UP！

頭の回転が速くなる！

やる気が湧いてくる！

記憶力が高まる！

語彙力が高まる！

テキパキ話せるようになる！

文学の教養が
高まる！

芥川龍之介や太宰治など
文豪たちの語彙が
身につく！

「国語力向上の最大の秘訣は、
早い時期に
よい日本語に出逢うことです」

さぁ
毎朝1分、
速音読を
始めてみよう!!

1分間

親子で速音読を楽しむポイント

● 1分で読む
——時計やストップウォッチを使おう！

● 普通の声で読む
——大きな声じゃなくてOK！

● すらすらと読む
——早口じゃなくてOK！

● 間違えても気にせず読む
——読み直さなくてOK！

●長めの息遣いで読む

——ゆったりとした気持ちと息を意識しよう！

●日本語らしいイントネーションで読む

——意味の流れを大事にし、波に乗るように！

●焦らず、無理をしないで読む

——繰り返すうちに自然と速くなるよ！

●読了タイムを記録する

——読み終えた時間をページの左端に記入しよう！

●お父さんやお母さんに褒めてもらおう

——大人でもかんたんに読めない難しい文章なんだよ！

『国語の力がもっとグングン伸びる 1分間速音読ドリル2』

目次

この本の使い方 —— 1
親子で速音読を楽しむポイント —— 4
【1】杜子春① 芥川龍之介 —— 8
【2】杜子春② 芥川龍之介 —— 10
【3】杜子春③ 芥川龍之介 —— 12
【4】杜子春④ 芥川龍之介 —— 14
【5】杜子春⑤ 芥川龍之介 —— 16
【6】蜘蛛の糸① 芥川龍之介 —— 18
【7】蜘蛛の糸② 芥川龍之介 —— 20
【8】蜘蛛の糸③ 芥川龍之介 —— 22
【9】蜘蛛の糸④ 芥川龍之介 —— 24
【10】蜘蛛の糸⑤ 芥川龍之介 —— 26
【11】蜘蛛の糸⑥ 芥川龍之介 —— 28
【12】羅生門① 芥川龍之介 —— 30
【13】羅生門② 芥川龍之介 —— 32
【14】羅生門③ 芥川龍之介 —— 34
【15】羅生門④ 芥川龍之介 —— 36
【16】鼻① 芥川龍之介 —— 38
【17】鼻② 芥川龍之介 —— 40
【18】鼻③ 芥川龍之介 —— 42
【19】鼻④ 芥川龍之介 —— 44
【20】鼻⑤ 芥川龍之介 —— 46

【21】名人伝① 中島 敦 …… 48
【22】名人伝② 中島 敦 …… 50
【23】名人伝③ 中島 敦 …… 52
【24】駈込み訴え 太宰治 …… 54
【25】女生徒 太宰治 …… 56
【26】富嶽百景 太宰治 …… 58
【27】檸檬 梶井基次郎 …… 60
【28】放浪記 林 芙美子 …… 62
【29】たけくらべ 樋口一葉 …… 64
【30】遠野物語 柳田国男 …… 66
【31】学者アラムハラドの見た着物① 宮沢賢治 …… 68
【32】学者アラムハラドの見た着物② 宮沢賢治 …… 70
【33】三好達治の詩 …… 72
【34】坂村真民の詩 …… 74
【35】万葉集 …… 76
【36】漢詩 …… 78
【37】童子教① …… 80
【38】童子教② …… 82
【39】童子教③ …… 84
【40】唱歌 …… 86

あとがき …… 88
主要参考文献・引用文献 …… 93
がんばったねシート …… 94

装幀・本文デザイン　フロッグキングスタジオ
装画　江口修平
写真　佐久間正人

※様々な作品を味わっていただくため音読に適した箇所を抄出しました。
（『蜘蛛の糸』は全文を掲載しています）

【1】

杜子春 ①

芥川龍之介

「日は暮れるし、腹は減るし、その上もうどこへ行っても、泊めてくれる所はなさそうだし――こんな思いをして生きているくらいなら、いっそ川へでも身を投げて、死んでしまった方がましかもしれない。」

杜子春はひとりさっきから、こんな取りとめもないことを思いめぐらしていたのです。

するとどこからやって来たか、突然彼の前へ足を止めた、片目眇の老人があります。それが夕日の光を浴びて、大きな影を門へ落とすと、じっと杜子春の顔を見ながら、

「お前は何を考えているのだ。」と、横柄に言葉をかけました。

「私ですか。私は今夜寝る所もないので、ど

START

目標 15秒

目標 30秒

うしたものかと考えているのです。」

　老人の尋ね方が急でしたから、杜子春はさすがに眼を伏せて、思わず正直な答をしました。

「そうか。それは可哀そうだな。」

　老人はしばらく何事か考えているようでしたが、やがて、往来にさしている夕日の光を指さしながら、

「ではおれがいいことを一つ教えてやろう。今この夕日の中に立って、お前の影が地に映ったら、その頭に当たる所を夜中に掘ってみるがいい。きっと車に一ぱいの黄金が埋まっているはずだから。」

目標45秒

繰り返し挑戦しよう!

1回目	分	秒
2回目	分	秒
3回目	分	秒
4回目	分	秒
5回目	分	秒
6回目	分	秒
7回目	分	秒
8回目	分	秒
9回目	分	秒
10回目	分	秒

【2】杜子春②

芥川龍之介

「そうか。いや、お前は若い者に似合わず、感心にもののわかる男だ。ではこれからは貧乏をしても、安らかに暮らして行くつもりか。」

杜子春はちょいとためらいましたが、すぐに思い切った眼を挙げると、訴えるように老人の顔を見ながら、

「それも今の私には出来ません。ですから私はあなたの弟子になって、仙術の修業をしたいと思うのです。いいえ、隠してはいけません。あなたは道徳の高い仙人でしょう。仙人でなければ、一夜のうちに私を天下第一の大金持にすることは

START

目標15秒

目標30秒

出来ないはずです。どうか私の先生になって、不思議な仙術を教えて下さい。」

老人は眉をひそめたまま、しばらくは黙って、何事か考えているようでしたが、やがてまたにっこり笑いながら、

「いかにもおれは峨眉山に棲んでいる、鉄冠子という仙人だ。始めお前の顔を見た時、どこか物わかりがよさそうだったから、二度まで大金持にしてやったのだが、それほど仙人になりたければ、おれの弟子にとり立ててやろう。」と、快く願いを容れてくれました。

目標 45秒

繰り返し挑戦しよう!

回	分	秒
1回目	分	秒
2回目	分	秒
3回目	分	秒
4回目	分	秒
5回目	分	秒
6回目	分	秒
7回目	分	秒
8回目	分	秒
9回目	分	秒
10回目	分	秒

【3】

杜子春 ③

芥川龍之介

　二人がこの岩の上に来ると、鉄冠子は杜子春を絶壁の下に坐らせて、「おれはこれから天上へ行って、西王母にお眼にかかって来るから、お前はその間ここに坐って、おれの帰るのを待っているがいい。多分おれがいなくなると、いろいろな魔性が現われて、お前をたぶらかそうとするだろうが、たといどんなことが起ころうとも、決して声を出すのではないぞ。もし一言でも口を利いたら、お前は到底仙人にはなれないものだと覚悟をしろ。いいか。天地が裂けても、黙

START

目標 15秒

目標 30秒

っているのだぞ。」と言いました。

「大丈夫です。決して声なぞは出しはしません。命がなくなっても、黙っています。」

「そうか。それを聞いて、おれも安心した。ではおれは行って来るから。」

老人は杜子春に別れを告げると、またあの竹杖に跨って、夜目にも削ったような山々の空へ、一文字に消えてしまいました。

目標 45秒

繰り返し挑戦しよう!

1回目	分	秒
2回目	分	秒
3回目	分	秒
4回目	分	秒
5回目	分	秒
6回目	分	秒
7回目	分	秒
8回目	分	秒
9回目	分	秒
10回目	分	秒

【4】

杜子春④

芥川龍之介

杜子春は必死になって、鉄冠子の言葉を思い出しながら、緊く眼をつぶっていました。するとその時彼の耳には、ほとんど声とはいえないくらい、かすかな声が伝わって来ました。

「心配をおしでない。私たちはどうなっても、お前さえ仕合せになれるのなら、それより結構なことはないのだからね。大王がなんとおっしゃっても、言いたくないことは黙っておいで。」

それは確かに懐かしい、母親の声に違いありません。杜子春は思わず、眼をあきました。そうして馬の一匹が、力なく地上に倒れたま

START

目標15秒

目標30秒

ま、悲しそうに彼の顔へ、じっと眼をやっているのを見ました。母親はこんな苦しみの中にも、息子の心を思いやって、鬼どもの鞭に打たれたことを、怨む気色さえも見せないのです。大金持になればお世辞を言い、貧乏人になれば口も利かない世間の人たちに比べると、なんというありがたい志でしょう。なんという健気な決心でしょう。杜子春は老人の戒めも忘れて、転ぶようにその側へ走りよると、両手に半死の馬の頸を抱いて、はらはらと涙を落としながら、「お母さん。」と一声を叫びました。

繰り返し挑戦しよう!

1回目	分	秒
2回目	分	秒
3回目	分	秒
4回目	分	秒
5回目	分	秒
6回目	分	秒
7回目	分	秒
8回目	分	秒
9回目	分	秒
10回目	分	秒

【5】杜子春⑤

芥川龍之介

START

「どうだな。おれの弟子になったところが、とても仙人にはなれはすまい。」
片目眇の老人は微笑を含みながら言いました。

「なれません。なれませんが、しかし私はなれなかったことも、かえって嬉しい気がするのです。」

目標15秒

杜子春はまだ眼に涙を浮かべたまま、思わず老人の手を握りました。

「いくら仙人になれたところが、私はあの地獄の森羅殿の前に、鞭を受けている父母を見ては、黙っているわけには行きません。」

目標30秒

「もしお前が黙っていたら――」と鉄冠子は急に厳かな顔になって、じっと杜子春を見つめました。

「もしお前が黙っていたら、おれは即座にお前の命を絶ってしまおうと思っていたのだ。――お前はもう仙人になりたいという望みも持っていまい。大金持になることは、もとより愛想がつきたはずだ。ではお前はこれから後、なんになったらいいと思うな。」

「なんになっても、人間らしい、正直な暮しをするつもりです。」

繰り返し挑戦しよう!

回	分	秒
1回目	分	秒
2回目	分	秒
3回目	分	秒
4回目	分	秒
5回目	分	秒
6回目	分	秒
7回目	分	秒
8回目	分	秒
9回目	分	秒
10回目	分	秒

【6】蜘蛛の糸①

芥川龍之介

START

ある日のことでございます。お釈迦様は極楽の蓮池のふちを、独りでぶらぶらお歩きになっていらっしゃいました。池の中に咲いている蓮の花は、みんな玉のようにまっ白で、そのまん中にある金色の蕊からは、なんとも言えないよい匂いが、絶え間なくあたりへ溢れております。極楽はちょうど朝なのでございましょう。

目標15秒

やがてお釈迦様はその池のふちにお佇みになって、水の面を蔽っている蓮の葉の間から、ふと下の容子を御覧になりま

目標30秒

した。この極楽の蓮池の下は、ちょうど地獄の底に当たっておりますから、水晶のような水を透き徹して、三途の河や針の山の景色が、ちょうど覗き眼鏡を見るように、はっきりと見えるのでございます。

するとその地獄の底に、犍陀多という男が一人、ほかの罪人と一しょに蠢いている姿が、お眼に止まりました。

目標 45秒

繰り返し挑戦しよう!

回	分	秒
1回目	分	秒
2回目	分	秒
3回目	分	秒
4回目	分	秒
5回目	分	秒
6回目	分	秒
7回目	分	秒
8回目	分	秒
9回目	分	秒
10回目	分	秒

【7】蜘蛛の糸②

芥川龍之介

START

この犍陀多という男は、人を殺したり家に火をつけたり、いろいろ悪事を働いた大泥坊でございますが、それでもたった一つ、善い事を致した覚えがございます。と申しますのは、ある時この男が深い林の中を通りますと、小さな蜘蛛が一匹、路ばたを這って行くのが見えました。そこで犍陀多は早速足を挙げて、踏み殺そうと致しましたが、「いや、いや、これも小さいながら、命のあるものに違いない。その命をむやみにとるということは、いくらなんでも可哀そうだ。」と、こう急に思い返して、とうとうその蜘蛛を殺さずに助けてやったからでございます。

目標15秒

目標30秒

お釈迦様は地獄の容子を御覧になりながら、この犍陀多には蜘蛛を助けたことがあるのをお思い出しになりました。そうしてそれだけの善い事をした報いには、出来るなら、この男を地獄から救い出してやろうとお考えになりました。幸い、側を見ますと、翡翠のような色をした蓮の葉の上に、極楽の蜘蛛が一匹、美しい銀色の糸をかけております。お釈迦様はその蜘蛛の糸をそっとお手にお取りになって、玉のような白蓮の間から、はるか下にある地獄の底へ、まっすぐにそれをお下ろしなさいました。

繰り返し挑戦しよう!

1回目	分	秒
2回目	分	秒
3回目	分	秒
4回目	分	秒
5回目	分	秒
6回目	分	秒
7回目	分	秒
8回目	分	秒
9回目	分	秒
10回目	分	秒

【8】

蜘蛛の糸③

芥川龍之介

　こちらは地獄の底の血の池で、ほかの罪人と一しょに、浮いたり沈んだりしていた犍陀多でございます。何しろどちらを見ても、まっ暗で、たまにそのくら暗からぼんやり浮き上がっているものがあると思いますと、それは恐ろしい針の山の針が光るのでございますから、その心細さといったらございません。その上あたりは墓の中のようにしんと静まり返って、たまに聞こえるものといっては、ただ罪人がつく微かな嘆息ばかりでございます。これはここへ落ちて来るほどの人間は、もうさまざまな地獄の責苦に疲れはてて、泣き声を出す力さえなくなっているのでござい

START

目標15秒

目標30秒

ましょう。ですからさすが大泥坊の犍陀多も、やはり血の池の血に咽びながら、まるで死にかかった蛙のように、ただもがいてばかりおりました。

ところがある時のことでございます。何気なく犍陀多が頭を挙げて、血の池の空を眺めますと、そのひっそりとした暗の中を、遠い遠い天上から、銀色の蜘蛛の糸が、まるで人目にかかるのを恐れるように、一すじ細く光りながら、するすると自分の上へ垂れて参るのではございませんか。犍陀多はこれを見ると、思わず手を拍って喜びました。

繰り返し挑戦しよう!

1回目	分	秒
2回目	分	秒
3回目	分	秒
4回目	分	秒
5回目	分	秒
6回目	分	秒
7回目	分	秒
8回目	分	秒
9回目	分	秒
10回目	分	秒

【9】

蜘蛛の糸 ④

芥川龍之介

　この糸に縋りついて、どこまでものぼって行けば、きっと地獄からぬけ出せるに相違ございません。いや、うまく行くと、極楽へはいることさえも出来ましょう。そうすれば、もう針の山へ追い上げられることもなくなれば、血の池に沈められることもあるはずはございません。

　こう思いましたから、犍陀多は、早速その蜘蛛の糸を両手でしっかりとつかみながら、一生懸命に上へ上へとたぐりのぼり始めました。もとより大泥坊のことでございますから、こういうことには昔から、慣れ切っているのでございます。

　しかし地獄と極楽との間は、何万里となくございますから、いくら焦って見たところで、容易に上へは出られません。ややしばらくのぼるうちに、とうとう犍陀多もくたびれて、

START

目標 15秒

目標 30秒

もう一たぐりも上の方へはのぼれなくなってしまいました。そこで仕方がございませんから、まず一休み休むつもりで、糸の中途にぶら下がりながら、はるかに目の下を見下ろしました。

すると、一生懸命にのぼった甲斐があって、さっきまで自分がいた血の池は、今ではもう暗の底にいつの間にかかくれております。それからあのぼんやり光っている恐ろしい針の山も、足の下になってしまいました。この分でのぼって行けば、地獄からぬけ出すのも、存外わけがないかもしれません。犍陀多は両手を蜘蛛の糸にからみながら、ここへ来てから何年にも出したことのない声で、「しめた。しめた。」と笑いました。

繰り返し挑戦しよう!

1回目	分	秒
2回目	分	秒
3回目	分	秒
4回目	分	秒
5回目	分	秒
6回目	分	秒
7回目	分	秒
8回目	分	秒
9回目	分	秒
10回目	分	秒

【10】

蜘蛛の糸 ⑤

芥川龍之介

　ところがふと気がつきますと、蜘蛛の糸の下の方には、数限りもない罪人たちが、自分ののぼった後をつけて、まるで蟻の行列のように、やはり上へ上へ一心によじのぼって来るではございませんか。犍陀多はこれを見ると、驚いたのと恐ろしいのとで、しばらくはただ、莫迦のように大きな口を開いたまま、眼ばかり動かしておりました。自分一人でさえ断れそうな、この細い蜘蛛の糸が、どうしてあれだけの人数の重みに堪えることが出来ましょう。もし万一途中で断れたと致しましたら、せっかくここへまでのぼって来たこの肝腎な自分までも、元の地獄へ逆落しに落ちてしまわなければなりません。そんなことが

START

目標 15秒

目標 30秒

あったら、大変でございます。が、そういううちにも、罪人たちは何百となく何千となく、まっ暗な血の池の底から、うようよと這い上がって、細く光っている蜘蛛の糸を、一列になりながら、せっせとのぼって参ります。今のうちにどうかしなければ、糸はまん中から二つに断れて、落ちてしまうのに違いありません。

そこで犍陀多は大きな声を出して、「こら、罪人ども。この蜘蛛の糸は己のものだぞ。お前たちは一体だれに尋いて、のぼって来た。下りろ。下りろ。」と喚きました。

繰り返し挑戦しよう!

1回目	分	秒
2回目	分	秒
3回目	分	秒
4回目	分	秒
5回目	分	秒
6回目	分	秒
7回目	分	秒
8回目	分	秒
9回目	分	秒
10回目	分	秒

【11】

蜘蛛の糸⑥

芥川龍之介

START

　その途端でございます。今までなんともなかった蜘蛛の糸が、急に犍陀多のぶら下がっている所から、ぷつりと音を立てて断れました。ですから、犍陀多もたまりません。あっという間もなく風を切って、独楽のようにくるくるまわりながら、見る見るうちに暗の底へ、まっさかさまに落ちてしまいました。
　後にはただ極楽の蜘蛛の糸が、きらきらと細く光りながら、月も星もない空の中途に、短く垂れているばかりでございます。

目標15秒

　お釈迦様は極楽の蓮池のふちに立って、この一部始終をじっと見ていらっしゃいましたが、やがて犍陀多が血の池の底へ石のように沈んでしまいますと、悲しそうなお顔をなさ

目標30秒

りながら、またぶらぶらお歩きになり始めました。自分ばかり地獄からぬけ出そうとする、犍陀多の無慈悲な心が、そうしてその心相当な罰をうけて、元の地獄へ落ちてしまったのが、お釈迦様のお目から見ると、あさましく思し召されたのでございましょう。

しかし極楽の蓮池の蓮は、少しもそんなことには頓着致しません。その玉のような白い花は、お釈迦様の御足のまわりに、ゆらゆら萼を動かして、そのまん中にある金色の蕊からは、なんとも言えないよい匂いが、絶え間なくあたりへ溢れております。極楽ももう午に近くなったのでございましょう。

目標 45秒

繰り返し挑戦しよう!

回	分	秒
1回目	分	秒
2回目	分	秒
3回目	分	秒
4回目	分	秒
5回目	分	秒
6回目	分	秒
7回目	分	秒
8回目	分	秒
9回目	分	秒
10回目	分	秒

【12】

羅生門 ①

芥川龍之介

　ある日の暮れ方のことである。一人の下人が、羅生門の下で雨やみを待っていた。

　広い門の下には、この男のほかにだれもいない。ただ、ところどころ丹塗の剥げた、大きな円柱に、蟋蟀が一匹とまっている。羅生門が、朱雀大路にある以上は、この男のほかにも、雨やみをする市女笠や揉烏帽子が、もう二三人はありそうなものである。それが、この男のほかにはだれもいない。

　なぜかと言うと、この二三年、京都には、地震とか辻風とか火事とか饑饉とかいう災がつづいて起こった。そこで洛中のさびれ方は一通りではない。旧記によると、仏像や仏具

START

目標 15秒

目標 30秒

を打ち砕いて、その丹がついたり、金銀の箔がついたりした木を、路ばたにつみ重ねて、薪の料に売っていたということである。洛中がその始末であるから、羅生門の修理などは、もとよりだれも捨てて顧みる者がなかった。するとその荒れ果てたのをよいことにして、狐狸が棲む。盗人が棲む。とうとうしまいには、引取り手のない死人を、この門へ持って来て、棄てて行くという習慣さえ出来た。

繰り返し挑戦しよう!

1回目	分	秒
2回目	分	秒
3回目	分	秒
4回目	分	秒
5回目	分	秒
6回目	分	秒
7回目	分	秒
8回目	分	秒
9回目	分	秒
10回目	分	秒

【13】

羅生門②

芥川龍之介

すると老婆は、松の木片を、床板の間に挿して、それから、今まで眺めていた死骸の首に両手をかけると、ちょうど、猿の親が猿の子の虱をとるように、その長い髪の毛を一本ずつ抜きはじめた。髪は手に従って抜けるらしい。

その髪の毛が、一本ずつ抜けるのに従って、下人の心からは、恐怖が少しずつ消えて行った。そうして、それと同時に、この老婆に対するはげしい憎悪が、少しずつ動いて来た。——いや、この老婆に対すると言っては、語弊があるかもしれ

START

目標15秒

目標30秒

ない。むしろ、あらゆる悪に対する反感
が、一分ごとに強さを増して来たのであ
る。この時、だれかがこの下人に、さっ
き門の下でこの男が考えていた、饑死を
するか盗人になるかという問題を、改め
て持ち出したら、恐らく下人は、なんの
未練もなく、饑死を選んだことであろう。
それほど、この男の悪を憎む心は、老婆
の床に挿した松の木片のように、勢いよ
く燃え上がり出していたのである。

目標
45秒

繰り返し挑戦しよう!

1回目	分	秒
2回目	分	秒
3回目	分	秒
4回目	分	秒
5回目	分	秒
6回目	分	秒
7回目	分	秒
8回目	分	秒
9回目	分	秒
10回目	分	秒

【14】

羅生門 ③

芥川龍之介

「それもよ、この女の売る干魚は、味がよいと言うて、太刀帯どもが、欠かさず菜料に買っていたそうな。わしは、この女のしたことが悪いとは思うていぬ。せねば、饑死をするのじゃて、仕方がなくしたことであろ。されば、今また、わしのしていたことも悪いこととは思わぬぞよ。これとてもやはりせねば、饑死をするじゃて、仕方がなくすることじゃわいの。じゃて、その仕方がないことを、よく知っていたこの女は、大方わしのすることも大目に見てくれるであろ。」

老婆は、大体こんな意味のことを言った。

下人は、太刀を鞘におさめて、その太刀の

START

目標 15秒

目標 30秒

柄を左の手でおさえながら、冷然として、この話を聞いていた。勿論、右の手では、赤く頬に膿を持った大きな面皰を気にしながら、聞いているのである。しかし、これを聞いているうちに、下人の心には、ある勇気が生まれて来た。それは、さっき門の下で、この男には欠けていた勇気である。そうして、またさっきこの門の上へ上がって、この老婆を捕えた時の勇気とは、全然、反対な方向に動こうとする勇気である。下人は、饑死をするか盗人になるかに、迷わなかったばかりではない。

繰り返し挑戦しよう!

1回目	分	秒
2回目	分	秒
3回目	分	秒
4回目	分	秒
5回目	分	秒
6回目	分	秒
7回目	分	秒
8回目	分	秒
9回目	分	秒
10回目	分	秒

【15】

羅生門 ④

芥川龍之介

START

その時のこの男の心もちから言えば、饑死などということは、ほとんど、考えることさえ出来ないほど、意識の外に追い出されていた。

「きっと、そうか。」

老婆の話が完ると、下人は嘲るような声で念を押した。そうして、一足前へ出ると、不意に右の手を面皰から離して、老婆の襟上をつかみながら、噛みつくようにこう言った。

目標15秒

「では、己が引剥をしようと恨むまいな。己もそうしなければ、饑死をする体なのだ。」

下人は、すばやく、老婆の着物を剥ぎとった。それから、足にしがみつこうとする老婆を、手荒く死骸の上へ蹴倒した。梯子の口までは、わずかに五歩を数えるばかりである。

目標30秒

下人は、剥ぎとった檜皮色の着物をわきにかかえて、またたく間に急な梯子を夜の底へかけ下りた。

しばらく、死んだように倒れていた老婆が、死骸の中から、その裸の体を起こしたのは、それから間もなくのことである。老婆はつぶやくような、うめくような声を立てながら、まだ燃えている火の光をたよりに、梯子の口まで、這って行った。そうして、そこから、短い白髪をさかさまにして、門の下を覗きこんだ。外には、ただ、黒洞々たる夜があるばかりである。

下人の行方は、だれも知らない。

繰り返し挑戦しよう!

1回目	分	秒
2回目	分	秒
3回目	分	秒
4回目	分	秒
5回目	分	秒
6回目	分	秒
7回目	分	秒
8回目	分	秒
9回目	分	秒
10回目	分	秒

【16】鼻①

芥川龍之介

　禅智内供の鼻と言えば、池の尾で知らない者はない。長さは五六寸あって上唇の上から顋の下まで下がっている。形は元も先も同じように太い。言わば細長い腸詰のような物が、ぶらりと顔のまん中からぶら下がっているのである。

　五十歳を越えた内供は、沙弥の昔から内道場供奉の職に陞った今日まで、内心では始終この鼻を苦に病んで来た。勿論表面では、今でもさほど気にならないような顔をしてすましている。これは専念に当来の浄土を渇仰すべき僧侶の

START

目標15秒

目標30秒

身で、鼻の心配をするのが悪いと思った
からばかりではない。それよりむしろ、
自分で鼻を気にしているということを、
人に知られるのが嫌だったからである。
内供は日常の談話の中に、鼻という語が
出て来るのを何よりも惧れていた。
　内供が鼻を持てあました理由は二つあ
る。——一つは実際的に、鼻の長いのが
不便だったからである。第一飯を食う時
にも独りでは食えない。独りで食えば、
鼻の先が鋺の中の飯へとどいてしまう。

繰り返し挑戦しよう!

回	分	秒
1回目	分	秒
2回目	分	秒
3回目	分	秒
4回目	分	秒
5回目	分	秒
6回目	分	秒
7回目	分	秒
8回目	分	秒
9回目	分	秒
10回目	分	秒

【17】

鼻 ②

芥川龍之介

START

――もう茹だった時分でござろう。

内供は苦笑した。これだけ聞いたのでは、だれも鼻の話とは気がつかないだろうと思ったからである。鼻は熱湯に蒸されて、蚤の食ったようにむずがゆい。

弟子の僧は、内供が折敷の穴から鼻をぬくと、そのまだ湯気の立っている鼻を、両足に力を入れながら、踏みはじめた。

目標 15秒

内供は横になって、鼻を床板の上へのばしながら、弟子の僧の足が上下に動くのを眼の前に見ているのである。弟子の僧は、時々気の毒そうな顔をして、内供の禿げ頭を見下ろしながら、こんなことを言った。

目標 30秒

――痛うはござらぬかな。医師は責めて踏めと申したで。じゃが、痛うはござらぬかな。

内供は首を振って、痛くないという意味を示そうとした。ところが鼻を踏まれているので思うように首が動かない。そこで、上眼を使って、弟子の僧の足に皹のきれているのを眺めながら、腹を立てたような声で、

――痛うはないて。

と答えた。実際鼻はむずがゆい所を踏まれるので、痛いよりもかえって気もちのいいくらいだったのである。

繰り返し挑戦しよう!

1回目	分	秒
2回目	分	秒
3回目	分	秒
4回目	分	秒
5回目	分	秒
6回目	分	秒
7回目	分	秒
8回目	分	秒
9回目	分	秒
10回目	分	秒

【18】鼻③

芥川龍之介

用を言いつかった下法師たちが、面と向かっている間だけは、慎んで聞いていても、内供が後ろさえ向けば、すぐにくすくす笑い出したのは、一度や二度のことではない。

内供は始め、これを自分の顔がわりがしたせいだと解釈した。しかしどうもこの解釈だけでは十分に説明がつかないようである。

――勿論、中童子や下法師が哂う原因は、そこにあるのにちがいない。けれども同じ哂うにしても、鼻の長かった昔とは、哂うのにどことなく容子がちがう。見慣れた長い鼻より、見慣れない短い鼻の方が滑稽に見えると言えば、それまでである。が、そこにはまだ何かあるらしい。

START

目標15秒

目標30秒

――前にはあのようにつけつけとは嗤わなんだて。

内供は、誦しかけた経文をやめて、禿げ頭を傾けながら、時々こう呟くことがあった。

愛すべき内供は、そういう時になると、必ずぼんやり、傍にかけた普賢の画像を眺めながら、鼻の長かった四五日前のことを憶い出して、「今はむげにいやしくなりさがれる人の、さかえたる昔をしのぶがごとく」ふさぎこんでしまうのである。――内供には、遺憾ながらこの問に答を与える明が欠けていた。

――人間の心には互いに矛盾した二つの感情がある。

繰り返し挑戦しよう!

1回目	分	秒
2回目	分	秒
3回目	分	秒
4回目	分	秒
5回目	分	秒
6回目	分	秒
7回目	分	秒
8回目	分	秒
9回目	分	秒
10回目	分	秒

【19】

鼻 ④

芥川龍之介

START

そこで内供は日ごとに機嫌が悪くなった。二言目には、だれでも意地悪く叱りつける。しまいには鼻の療治をしたあの弟子の僧でさえ、「内供は法慳貪の罪を受けられるぞ」と陰口をきくほどになった。ことに内供を怒らせたのは、例の悪戯な中童子である。ある日、けたたましく犬の吠える声がするので、内供が何気なく外へ出て見ると、中童子は、二尺ばかりの木の片をふりまわして、毛の長い、痩せた尨犬を逐いまわしている。それもただ逐いまわしているのではない。「鼻

目標15秒

目標30秒

を打たれまい。それ、鼻を打たれまい」と囃しながら、逐いまわしているのである。内供は、中童子の手からその木の片をひったくって、したたかその顔を打った。木の片は以前の鼻持上げの木だったのである。

内供はなまじいに、鼻の短くなったのが、かえって恨めしくなった。

繰り返し挑戦しよう!

1回目	分	秒
2回目	分	秒
3回目	分	秒
4回目	分	秒
5回目	分	秒
6回目	分	秒
7回目	分	秒
8回目	分	秒
9回目	分	秒
10回目	分	秒

【20】

鼻⑤

芥川龍之介

START

　翌朝、内供がいつものように早く眼をさましてみると、寺内の銀杏や橡が一晩のうちに葉を落としたので、庭は黄金を敷いたように明るい。塔の屋根には霜が下りているせいであろう。まだうすい朝日に、九輪がまばゆく光っている。禅智内供は、蔀を上げた縁に立って、深く息をすいこんだ。

目標15秒

　ほとんど、忘れようとしていたある感覚が、ふたたび内供に帰って来たのはこの時である。

　内供は慌てて鼻へ手をやった。手にさわるものは、昨夜の短い鼻ではない。上

目標30秒

唇の上から顋の下まで、五六寸あまりもぶら下がっている、昔の長い鼻である。内供は鼻が一夜のうちに、また元の通り長くなったのを知った。そうしてそれと同時に、鼻が短くなった時と同じような、はればれした心もちが、どこからともなく帰って来るのを感じた。

——こうなれば、もうだれも哂うものはないにちがいない。

内供は心の中でこう自分に囁いた。長い鼻をあけ方の秋風にぶらつかせながら。

繰り返し挑戦しよう!

回	分	秒
1回目	分	秒
2回目	分	秒
3回目	分	秒
4回目	分	秒
5回目	分	秒
6回目	分	秒
7回目	分	秒
8回目	分	秒
9回目	分	秒
10回目	分	秒

【21】

名人伝①

中島敦

START

趙の邯鄲の都に住む紀昌という男が、天下第一の弓の名人になろうと志を立てた。己の師と頼むべき人物を物色するに、当今弓矢をとっては、名手・飛衛に及ぶ者があろうとは思われぬ。百歩を隔てて柳葉を射るに百発百中するという達人だそうである。紀昌ははるばる飛衛をたずねてその門に入った。

目標15秒

飛衛は新入の門人に、まず瞬きせざることを学べと命じた。紀昌は家に帰り、妻の機織り台の下に潜り込んで、そこに仰向けにひっくり返った。目とすれすれ

目標30秒

に機躍が忙しく上下往来するのをじっと、瞬かずに見詰めていようという工夫である。理由を知らない妻は大いに驚いた。第一、妙な姿勢を妙な角度から夫に覗かれては困るという。嫌がる妻を紀昌は叱りつけて、無理に機を織り続けさせた。来る日も来る日も彼はこのおかしな格好で、瞬きせざる修練を重ねる。

目標 45秒

繰り返し挑戦しよう!

回	分	秒
1回目	分	秒
2回目	分	秒
3回目	分	秒
4回目	分	秒
5回目	分	秒
6回目	分	秒
7回目	分	秒
8回目	分	秒
9回目	分	秒
10回目	分	秒

【22】

名人伝②

中島敦

二年の後には、慌ただしく往返する牽挺が睫毛を掠めても、絶えて瞬くことがなくなった。彼はようやく機の下から匍い出す。もはや、鋭利な錐の先をもって瞼を突かれても、まばたきをせぬまでになっていた。不意に火の粉が目に飛び入ろうとも、目の前に突然灰神楽が立とうとも、彼は決して目をパチつかせない。彼の瞼はもはやそれを閉じるべき筋肉の使用法を忘れ果て、夜、熟睡している時でも、紀昌の目はカッと大きく見開かれたままである。ついに、彼の目の睫毛と

START

目標15秒

目標30秒

睫毛との間に小さな一匹の蜘蛛が巣をかけるに及んで、彼はようやく自信を得て、師の飛衛にこれを告げた。

それを聞いて飛衛がいう。瞬かざるのみではまだ射を授けるに足りぬ。次には、見ることを学べ。見ることに熟して、さて、小を見ること大のごとく、微を見ること著のごとくなったならば、来たって我に告げるがよいと。

繰り返し挑戦しよう!

回	分	秒
1回目	分	秒
2回目	分	秒
3回目	分	秒
4回目	分	秒
5回目	分	秒
6回目	分	秒
7回目	分	秒
8回目	分	秒
9回目	分	秒
10回目	分	秒

【23】

名人伝 ③

中島敦

START

紀昌は再び家に戻り、肌着の縫い目から虱を一匹探し出して、これを己が髪の毛をもって繋いだ。そうして、それを南向きの窓に懸け、終日睨み暮らすことにした。毎日毎日彼は窓にぶら下がった虱を見詰める。初め、もちろんそれは一匹の虱に過ぎない。二、三日たっても、依然として虱である。ところが、十日余り過ぎると、気のせいか、どうやらそれがほんの少しながら大きく見えてきたように思われる。三月目の終わりには、明らかに蚕ほどの大きさに見えてきた。虱を吊るした窓の外の風物は、次第に移り変わる。煕々として照っていた春の陽はいつか烈しい夏の光

目標15秒

目標30秒

に変わり、澄んだ秋空を高く雁が渡っていったかと思うと、はや、寒々とした灰色の空から霙が落ちかかる。紀昌は根気よく、毛髪の先にぶら下がった有吻類・催痒性の小節足動物を見続けた。その虱も何十匹となく取り換えられていくうちに、早くも三年の月日が流れた。ある日ふと気が付くと、窓の虱が馬のような大きさに見えていた。しめたと、紀昌は膝を打ち、表へ出る。彼は我が目を疑った。人は高塔であった。馬は山であった。豚は丘のごとく、雞は城楼と見える。

繰り返し挑戦しよう!

1回目	分	秒
2回目	分	秒
3回目	分	秒
4回目	分	秒
5回目	分	秒
6回目	分	秒
7回目	分	秒
8回目	分	秒
9回目	分	秒
10回目	分	秒

【24】

駈込み訴え

太宰治

申し上げます。申し上げます。旦那さま。あの人は、酷い。酷い。はい。厭な奴です。悪い人です。ああ。我慢ならない。生かして置けねえ。

はい、はい。落ちついて申し上げます。あの人を、生かして置いてはなりません。世の中の仇です。はい、何もかも、すっかり、全部、申し上げます。私は、あの人の居所を知っています。すぐに御案内申します。ずたずたに切りさいなんで、殺して下さい。あの人は、私の師です。主です。けれども私と同じ年です。三十四であります。私は、あの人よりた

目標15秒

目標30秒

START

ったニ月おそく生れただけなのです。たいした違いが無い筈だ。人と人との間に、そんなにひどい差別は無い筈だ。それなのに私はきょう迄あの人に、どれほど意地悪くこき使われて来たことか。どんなに嘲弄されて来たことか。ああ、もう、いやだ。堪えられるところ迄は、堪えて来たのだ。怒る時に怒らなければ、人間の甲斐がありません。私は今まであの人を、どんなにこっそり庇ってあげたか。

繰り返し挑戦しよう!

1回目	分	秒
2回目	分	秒
3回目	分	秒
4回目	分	秒
5回目	分	秒
6回目	分	秒
7回目	分	秒
8回目	分	秒
9回目	分	秒
10回目	分	秒

【25】

女生徒

太宰治

START

あさ、眼をさますときの気持ちは、面白い。かくれんぼのとき、押入れの真暗い中に、じっと、しゃがんで隠れていて、突然、でこちゃんに、がらっと襖をあけられ、日の光がどっと来て、でこちゃんに、「見つけた！」と大声で言われて、まぶしさ、それから、へんな間の悪さ、それから、胸がどきどきして、着物のまえを合せたりして、ちょっと、てれくさく、押入れから出て来て、急にむかむか腹立たしく、あの感じ、いや、ちがう、あの感じでもない、なんだか、もっとや

目標 15秒

目標 30秒

りきれない。箱をあけると、その中に、
また小さい箱があって、その小さい箱を
あけると、またその中に、もっと小さい
箱があって、そいつをあけると、また、
また、小さい箱があって、その小さな箱
をあけると、また箱があって、そうして、
七つも、八つも、あけていって、とうと
うおしまいに、さいころくらいの小さい
箱が出て来て、そいつをそっとあけてみ
て、何もない、からっぽ、あの感じ、少
し近い。

目標 45秒

回	分	秒
1回目	分	秒
2回目	分	秒
3回目	分	秒
4回目	分	秒
5回目	分	秒
6回目	分	秒
7回目	分	秒
8回目	分	秒
9回目	分	秒
10回目	分	秒

【26】

富嶽百景

太宰治

けれども、私のとなりの御隠居は、胸に深い憂悶でもあるのか、他の遊覧客とちがって、富士には一瞥も与えず、かえって富士と反対側の、山路に沿った断崖をじっと見つめて、私にはその様が、からだがしびれるほど快く感ぜられ、私もまた、富士なんか、あんな俗な山、見度くもないという、高尚な虚無の心を、その老婆に見せてやりたく思って、あなたのお苦しみ、わびしさ、みなよくわかる、と頼まれもせぬのに、共鳴の素振りを見せてあげたく、老婆に甘えかかるように、そっとすり寄って、老婆とおなじ姿勢で、ぼんやり崖の方を、眺めてやった。

老婆も何かしら、私に安心していたところ

START

目標15秒

目標30秒

があったのだろう、ぼんやりひとこと、

「おや、月見草」

　そう言って、細い指でもって、路傍の一箇所をゆびさした。さっと、バスは過ぎてゆき、私の目には、いま、ちらとひとめ見た黄金色の月見草の花ひとつ、花弁もあざやかに消えず残った。

　三七七八米の富士の山と、立派に相対峙し、みじんもゆるがず、なんと言うのか、金剛力草とでも言いたいくらい、けなげにすっくと立っていたあの月見草は、よかった。

富士には、月見草がよく似合う。

目標45秒

繰り返し挑戦しよう!

回	分	秒
1回目	分	秒
2回目	分	秒
3回目	分	秒
4回目	分	秒
5回目	分	秒
6回目	分	秒
7回目	分	秒
8回目	分	秒
9回目	分	秒
10回目	分	秒

【27】

檸檬

梶井基次郎

START

その日私は何時になくその店で買物をした。というのはその店には珍しい檸檬が出ていたのだ。檸檬など極くありふれている。がその店というのも見すぼらしくはないまでもただあたりまえの八百屋に過ぎなかったので、それまであまり見かけたことはなかった。一体私はあの檸檬が好きだ。レモンエロウの絵具をチューブから搾り出して固めたようなあの単純な色も、それからあの丈の詰った紡錘形の恰好も。——結局私はそれを一つだけ買うことにした。それからの私は

目標15秒

目標30秒

何処へどう歩いたのだろう。私は長い間街を歩いていた。始終私の心を圧えつけていた不吉な塊がそれを握った瞬間からいくらか弛んで来たとみえて、私は街の上で非常に幸福であった。あんなに執拗かった憂鬱が、そんなものの一顆で紛らされる――或いは不審なことが、逆説的な本当であった。それにしても心という奴は何という不可思議な奴だろう。

繰り返し挑戦しよう!

1回目	分	秒
2回目	分	秒
3回目	分	秒
4回目	分	秒
5回目	分	秒
6回目	分	秒
7回目	分	秒
8回目	分	秒
9回目	分	秒
10回目	分	秒

【28】

放浪記

林芙美子

カチュウシャ可愛や　別れの辛さ
せめて淡雪　とけぬ間に
神に願いを　ララかけましょうか

なつかしい唄である。この炭坑街にまたたく間に、このカチュウシャの唄は流行してしまった。ロシヤ女の純情な恋愛はよくわからなかったけれど、それでも、私は映画を見て来ると、非常にロマンチックな少女になってしまったのだ。浮かれ節（浪花節）より他に芝居小屋に連れて行ってもらえなかった私が、たった

START

目標15秒

目標30秒

一人で隠れてカチュウシャの映画を毎日見に行ったものであった。当分は、カチュウシャで夢見心地であった。石油を買いに行く道の、白い夾竹桃の咲く広場で、町の子供たちとカチュウシャごっこや、炭坑ごっこをして遊んだりもした。炭坑ごっこの遊びは、女の子はトロッコを押す真似をしたり、男の子は炭坑節を唄いながら土をほじくって行くしぐさである。

目標 45秒

繰り返し挑戦しよう!

回	分	秒
1回目	分	秒
2回目	分	秒
3回目	分	秒
4回目	分	秒
5回目	分	秒
6回目	分	秒
7回目	分	秒
8回目	分	秒
9回目	分	秒
10回目	分	秒

【29】

たけくらべ

樋口一葉

START

意地わるの嵐またもや落し来て、立かけし傘のころころと転り出るを、いま〳〵しい奴めと腹立たしげにいひて、取止めんと手を延ばすに、膝へ乗せて置きし小包み意久地もなく落ちて、風呂敷は泥に、我着る物の袂までを汚しぬ。

目標15秒

見るに気の毒なるは雨の中の傘なし、途中に鼻緒を踏み切りたるばかりは無し、美登利は障子の中ながら硝子ごしに遠く眺めて、あれ誰れか鼻緒を切つた人がある、母さん切れを遣つても宜う御座んすかと尋ねて、針箱の引出しから友仙ちりめんの切れ端をつかみ出し、庭下駄

目標30秒

はくも鈍かしきやうに、馳せ出でゝ椽先の洋傘さすより早く、庭石の上を伝ふて急ぎ足に来たりぬ。

　それと見るより美登利の顔は赤う成りて、何のやうの大事にでも逢ひしやうに、胸の動悸の早くうつを、人の見るかと背後の見られて、恐る〳〵門の傍へ寄れば、信如もふつと振返りて、此れも無言に脇を流るゝ冷汗、跣足に成りて逃げ出したき思ひなり。

繰り返し挑戦しよう!

1回目	分	秒
2回目	分	秒
3回目	分	秒
4回目	分	秒
5回目	分	秒
6回目	分	秒
7回目	分	秒
8回目	分	秒
9回目	分	秒
10回目	分	秒

【30】遠野物語

柳田国男

START

　旧家にはザシキワラシという神の住みたもう家少なからず。この神は多くは十二三ばかりの童児なり。おりおり人に姿を見することあり。土淵村大字飯豊の今淵勘十郎という人の家にては、近きころ高等女学校にいる娘の休暇にて帰りてありしが、或る日廊下にてはたとザシキワラシに行き逢い大いに驚きしことあり。これは正しく男の児なりき。同じ村山口なる佐々木氏にては、母人ひとり縫物しておりしに、次の間にて紙のがさがさという音あり。この室は家の主人の部

目標15秒

目標30秒

屋にて、その時は東京に行き不在の折なれば、怪しと思いて板戸を開き見るに何の影も無し。しばらくの間坐りて居ればやがてまた頻に鼻を鳴らす音あり。さては座敷ワラシなりけりと思えり。この家にも座敷ワラシ住めりということ、久しき以前よりの沙汰なりき。この神の宿りたもう家は富貴自在なりということなり。

目標 45秒

繰り返し挑戦しよう!

1回目	分	秒
2回目	分	秒
3回目	分	秒
4回目	分	秒
5回目	分	秒
6回目	分	秒
7回目	分	秒
8回目	分	秒
9回目	分	秒
10回目	分	秒

【31】

学者アラムハラドの見た着物 ①

宮沢賢治

START

「そんならなぜ鳥は啼くのかまた飛ぶのか。おまえたちにはわかるだろう。鳥はみな飛ばずにいられないで飛び啼かずに居られないで啼く。それは生れつきなのだ。

さて斯う云うふうに火はあつく、乾かし、照らし騰る、水はつめたく、しめらせ、下る、鳥は飛び、またなく。魚について獣についておまえたちはもうみんなその性質を考えることができる。けれども一体どうだろう、小鳥が啼かないでいられず魚が泳がないでいられないように

目標
30
秒

人はどういうことがしないでいられないだろう。人が何としてもそうしないでいられないことは一体どういう事だろう。考えてごらん。」

アラムハラドは斯う言って堅く口を結び十一人の子供らを見まわしました。子供らはみな一生けん命考えたのです。大人のように指をまげて唇にあてたりまっすぐに床を見たりしました。

繰り返し挑戦しよう!

1回目	分	秒
2回目	分	秒
3回目	分	秒
4回目	分	秒
5回目	分	秒
6回目	分	秒
7回目	分	秒
8回目	分	秒
9回目	分	秒
10回目	分	秒

【32】

学者アラムハラドの見た着物②

宮沢賢治

START

「人の正義を愛することは丁度鳥のうたわないでいられないと同じだ。セララバアド。お前は何か言いたいように見える。云ってごらん。」

小さなセララバアドは少しびっくりしたようでしたがすぐ落ちついて答えました。

目標15秒

「人はほんとうのいいことが何だかを考えないでいられないと思います。」アラムハラドはちょっと眼をつぶりました。眼をつぶったらくらやみの中ではそこら中ぼうっと燐の火のように青く見え、ずうっと遠くが大へん青くて明るくてそ

目標30秒

こに黄金の葉をもった立派な樹がぞろっとならんでさんさんと梢を鳴らしているように思ったのです。アラムハラドは眼をひらきました。子供らがじっとアラムハラドを見上げていました。アラムハラドは言いました。

「うん。そうだ。人はまことを求める。真理を求める。ほんとうの道を求めるのだ。人が道を求めないでいられないことはちょうど鳥の飛ばないでいられないとおんなじだ。」

繰り返し挑戦しよう!

1回目	分	秒
2回目	分	秒
3回目	分	秒
4回目	分	秒
5回目	分	秒
6回目	分	秒
7回目	分	秒
8回目	分	秒
9回目	分	秒
10回目	分	秒

【33】

三好達治の詩

乳母車

母よ——／淡くかなしきもののふるなり／
紫陽花いろのもののふるなり／はてしなき並
樹のかげを／そうそうと風のふくなり∥時は
たそがれ／母よ　私の乳母車を押せ／泣きぬ
れる夕陽にむかつて／轔々と私の乳母車を押
せ∥赤い総ある天鵞絨の帽子を／つめたき額
にかむらせよ／旅いそぐ鳥の列にも／季節は
空を渡るなり∥淡くかなしきもののふる／
紫陽花いろのもののふる道／母よ　私は知つ
てゐる／この道は遠く遠くはてしない道

目標15秒

わが名をよびて

わが名をよびてたまはれ／いとけなき日のよび名もてわが名をよびてたまはれ／あはれいまひとたびわがいとけなき日の名をよびてたまはれ／風のふく日のとほくよりわが名をよびてたまはれ／庭のかたへに茶の花のさきのこる日の／ちらちらと雪のふる日のとほくよりわが名をよびてたまはれ／よびてたまはれ／わが名をよびてたまはれ

繰り返し挑戦しよう!

1回目	分	秒
2回目	分	秒
3回目	分	秒
4回目	分	秒
5回目	分	秒
6回目	分	秒
7回目	分	秒
8回目	分	秒
9回目	分	秒
10回目	分	秒

【34】坂村真民の詩

START

なやめるＳ子に

だまされてよくなり
悪くなってしまっては駄目
いじめられてよくなり
いじけてしまっては駄目
ふまれておきあがり
倒れてしまっては駄目
いつも心は燃えていよう
消えてしまっては駄目
いつも瞳は澄んでいよう
濁ってしまっては駄目

六魚庵哀歌

かなしみは／みんな書いてはならない
かなしみは／みんな話してはならない
かなしみは／わたしたちを強くする根
かなしみは／わたしたちを支えている幹
かなしみは／わたしたちを美しくする花
かなしみは／いつも枯らしてはならない

かなしみは／いつも湛えていなくてはならない
かなしみは／いつも噛みしめていなくてはならない

鳥は飛ばねばならぬ

鳥は飛ばねばならぬ／人は生きねばならぬ
怒濤の海を／飛びゆく鳥のように
混沌の世を生きねばならぬ
鳥は本能的に／暗黒を突破すれば
光明の島に着くことを知っている
そのように人も／一寸先は闇ではなく
光であることを知らねばならぬ
新しい年を迎えた日の朝／わたしに与えられた命題
鳥は飛ばねばならぬ／人は生きねばならぬ

繰り返し挑戦しよう!

1回目	分	秒
2回目	分	秒
3回目	分	秒
4回目	分	秒
5回目	分	秒
6回目	分	秒
7回目	分	秒
8回目	分	秒
9回目	分	秒
10回目	分	秒

【35】

万葉集

春過ぎて夏来るらし白栲の
衣乾したり天の香具山

持統天皇

東の野に炎の立つ見えて
かへり見すれば月傾きぬ

柿本人麻呂

START

田児の浦ゆうち出でて見れば真白にそ
不尽の高嶺に雪は降りける

山部赤人

目標15秒

あをによし寧楽の京師は咲く花の
薫ふがごとく今盛りなり

小野老

銀も金も玉も何せむに
勝れる宝子に及かめやも

山上憶良

目標30秒

銀も
しろがねも

金も玉も
くがねもたまも

何せむに
なにせむに

勝れる宝
まされるたから

子に及かめやも
こにしかめやも

山上憶良
やまのうえのおくら

薫ふがごとく
においふがごとく

今盛りなり
いまさかりなり

奈良の京師は
ならのみやこは

咲く花の
さくはなの

小野老
おののおゆ

不尽の高嶺に
ふじのたかねに

雪は降りける
ゆきはふりける

田児の浦ゆ
たごのうらゆ

うち出でて見れば
うちいでてみれば

真白にそ
ましろにそ

山部赤人
やまべのあかひと

東の野に
ひむがしののに

炎の立つ見えて
かぎろいのたつみえて

かへり見すれば
かえりみすれば

月傾きぬ
つきかたぶきぬ

柿本人麻呂
かきのもとのひとまろ

春過ぎて
はるすぎて

夏来るらし
なつきたるらし

白妙の
しろたえの

衣干したり
ころもほしたり

天の香具山
あまのかぐやま

持統天皇
じとうてんのう

石ばしる垂水の上のさ蕨の
萌え出づる春になりにけるかも
志貴皇子

磯城島の日本の国は言霊の
たすくる国ぞま幸くありこそ
柿本人麻呂歌集

君が行く道のながてを繰り畳ね
焼き亡ぼさむ天の火もがも
狭野茅上娘子

うらうらに照れる春日に雲雀あがり
情悲しも独りしおもへば
大伴家持

新しき年の始の初春の
今日降る雪のいや重け吉事
大伴家持

繰り返し挑戦しよう!

1回目	分	秒
2回目	分	秒
3回目	分	秒
4回目	分	秒
5回目	分	秒
6回目	分	秒
7回目	分	秒
8回目	分	秒
9回目	分	秒
10回目	分	秒

【36】

漢詩

修学　夢窓疎石

一日の学問千載の宝
百年の富貴一朝の塵
一書の恩徳万玉に勝る
一言の教訓重きこと千金

一日学問千載宝
百年富貴一朝塵
一書恩徳勝萬玉
一言教訓重千金

START

春望　杜甫

国破れて山河在り
城春にして草木深し
時に感じては花にも涙を濺ぎ
別れを恨んでは鳥にも心を驚かす
烽火　三月に連なり
家書　万金に抵る
白頭　掻けば更に短く
渾て簪に勝えざらんと欲す

国破山河在
城春草木深
感時花濺涙
恨別鳥驚心
烽火連三月
家書抵万金
白頭掻更短
渾欲不勝簪

目標15秒

目標30秒

偶成　西郷隆盛

幾たびか辛酸を歴て 志 始めて堅し
丈夫玉砕甎全を恥づ
一家の遺事人知るや否や
児孫の為に美田を買はず

幾歴辛酸志始堅
丈夫玉砕恥甎全
一家遺事人知否
不為児孫買美田

三学戒　佐藤一斎

少にして学べば、
則ち壮にして為すことあり
壮にして学べば、
則ち老いて衰えず
老いて学べば、
則ち死して朽ちず

少而学。
則壮而有為。
壮而学。
則老而不衰
老而学。
則死而不朽

※『言志晩録』より

目標45秒

繰り返し挑戦しよう!

1回目	分	秒
2回目	分	秒
3回目	分	秒
4回目	分	秒
5回目	分	秒
6回目	分	秒
7回目	分	秒
8回目	分	秒
9回目	分	秒
10回目	分	秒

【37】

童子教(どうじきょう) ①

懈怠(けたい)する者(もの)は食(しょく)を急(いそ)ぐ

痩(や)せたる猿(さる)の菓(このみ)を貪(むさぼ)るが如(ごと)し

勇(いさ)める者(もの)は必(かなら)ず危(あやう)き事(こと)あり

夏(なつ)の虫(むし)の火(ひ)に入(い)るが如(ごと)し

鈍(にぶ)き者(もの)は亦過(またあやま)ち無(な)し

春(はる)の鳥(とり)の林(はやし)に遊(あそ)ぶが如(ごと)し

人(ひと)の耳(みみ)は壁(かべ)に付(つ)く

密(ひそ)かにして讒言(ざんげん)すること勿(なか)れ

人(ひと)の眼(め)は天(てん)に懸(か)かる

隠(かく)して犯(おか)し用(もち)うること勿(なか)れ

車(くるま)は三寸(さんずん)の轄(くさび)を以(も)って

千里(せんり)の路(みち)を遊行(ゆぎょう)す

人(ひと)は三寸(さんずん)の舌(した)を以(も)って

五尺(ごしゃく)の身(み)を破損(はそん)す

目標 30秒

繰り返し挑戦しよう!

1回目	分	秒
2回目	分	秒
3回目	分	秒
4回目	分	秒
5回目	分	秒
6回目	分	秒
7回目	分	秒
8回目	分	秒
9回目	分	秒
10回目	分	秒

口は是禍の門
舌は是禍の根
口をして鼻の如くならしめば
身終わるまで敢えて事無し
過言一たび出ずれば
罵追舌を返さず
白珪の玉は磨くべし
悪言の玉は磨き難し
禍福は門無し
唯人の招く所に在り
天の作る災は避くべし
自ら作る災は逃れ難し

※『童子教』は江戸時代に広く用いられた寺子屋の教科書

【38】

童子教 ②

夫れ積善の家には
必ず余慶あり
又好悪の処には
必ず余殃あり
人にして隠徳あれば
必ず陽報あり
人にして陰行あれば
必ず照明あり

信力堅固の門には
災禍の雲起こること無し
念力強盛の家には
福祐の月光を増す
心の同じならざるは面の如し
譬えば水の器に随うが如し

他人の弓を挽かざれ

他人の馬に騎らざれ

前車の覆るを見て

後車の誡とす

前事の忘れざるを

後事の師とす

善立って名を流す

寵極まって禍多し

人は死して名を留む

虎は死して皮を留む

目標 45秒

繰り返し挑戦しよう!

1回目	分	秒
2回目	分	秒
3回目	分	秒
4回目	分	秒
5回目	分	秒
6回目	分	秒
7回目	分	秒
8回目	分	秒
9回目	分	秒
10回目	分	秒

【39】

童子教 ③

一日に一字学びて
三百六十字
一字千金に当たる
一点他生を助く
一日師を疎かにせず
況や数年の師を乎
師は三世の契り
祖は一世の睦
弟子は七尺去って
師の影を踏むべからず
観音は師孝の為に
宝冠に弥陀を戴き
勢至は親孝の為に
頭に父母の骨を戴き
宝瓶に白骨を納む

START

目標 15秒

目標 30秒

朝は早く起きて手を洗い
意を摂めて経巻を誦せよ
夕には遅く寝るとも足を洒ぎ
性を静めて義理を案ぜよ
習い読めど意にいれざれば
酔い寐て讇を語るが如し
千巻を読めども復さざれば
財無くして町に臨むが如し
薄き衣の冬の夜も
寒を忍びて通夜に誦せよ
乏しき食の夏の日も
飢を除きて終日習え

繰り返し挑戦しよう!

1回目	分	秒
2回目	分	秒
3回目	分	秒
4回目	分	秒
5回目	分	秒
6回目	分	秒
7回目	分	秒
8回目	分	秒
9回目	分	秒
10回目	分	秒

【40】唱歌

故郷　高野辰之

一
兎追いしかの山
小鮒釣りしかの川
夢は今もめぐりて
忘れがたき故郷

二
如何にいます父母
恙なしや友がき
雨に風につけても
思いいずる故郷

三
こころざしをはたして
いつの日にか帰らん
山はあおき故郷
水は清き故郷

荒城の月　土井晩翠

一
春高楼の花の宴
めぐる盃かげさして

目標 30秒

千代の松が枝わけいでし
むかしの光いまいずこ

二

秋陣営の霜の色
鳴きゆく雁の数見せて
植うるつるぎに照りそいし
むかしの光いまいずこ

三

いま荒城のよわの月
替らぬ光たがためぞ
垣に残るはただ葛
松に歌うはただ嵐

四

天上影は替らねど
栄枯は移る世の姿
写さんとてか今もなお
嗚呼荒城のよわの月

繰り返し挑戦しよう!

1回目	分	秒
2回目	分	秒
3回目	分	秒
4回目	分	秒
5回目	分	秒
6回目	分	秒
7回目	分	秒
8回目	分	秒
9回目	分	秒
10回目	分	秒

あとがき

自己肯定力を高める速音読

国語力と呼吸力が人生の基礎となる

二年前に刊行した『国語の力がグングン伸びる1分間速音読（そくおんどく）ドリル』が大変大きな反響を呼び、次のような声が続々と寄せられています。

「タイマーで音読がこんなに楽しくなるとは！」

「速音読し始めてから確実に会話レベルも上がっています」

「語彙（ごい）力アップにもなります」

「国語の長文読解の解答がサクサク進むようになりました」

「音読の宿題をつまらなそうにしていた息子ですが、この本の速音読は真剣にやっています」

「親子三人でタイムトライアルしながら楽しんでいます」

「速音読」という新たなメソッドが、こうして多くの方に受け入れられたことは非常に嬉しいことです。

私はかねてから、滑(なめ)らかに日本語を音読することが、最も健(すこ)やかに頭の能力を伸ばす方法だと信じて実践を繰り返してきました。

速音読を、脳の回転を速くするためのトレーニングとして考えると、まとまった文章を速いテンポで流れるように読むことが効果的なのです。速く正確に、かつ滑らかに読むためには、頭は必死に内容を掴もうとします。そのためには、口に出して読みながらも、視線は少し先に送らなくてはなりません。

目は口から出ている言葉を同時に見ているのではなく、その少し先にある文章を読んでいるわけですから、目と口と頭の動きはそれぞれ違うことになります。目は先を読んでいるのに、口からは目で追った言葉が少し遅れて出てくる。そして頭の中では物語をイメージしている。そうした三重構造になっているわけです。この「頭で考え、目で見て、口で話し、耳で聞く」という複雑なことを高速で処理しているため、速音読をすると知的な体力が自ずと身につくようになるのです。脳トレの第一人者である東北大学の川島隆太先生も、脳の重要な役割を果たす前頭前野(ぜんとうぜんや)は、音読スピードが速ければ速いほど活発に働くと言われています。

また、速い速度でテンポよく音読すると、一息で読む文章の量がより多くなり、自ずと息が長くなります。息をフーッと長く緩く吐く丹田呼吸法（おへそから指三本分ほど下の奥にある丹田を意識しながら、吐く息を中心として、深い呼吸を繰り返す呼吸法）をしていると、心が落ち着き、勉強への集中力も高まっていきます。国語力と呼吸力は、人生の基礎となる大切な能力だと私は考えていますが、速音読を小学生のうちから行うことは、その力を身につけるために大変有効だと言えるでしょう。

国語力向上の最大の秘訣とは

さて、第二弾となる本書では、芥川龍之介の作品を数多く取り上げました。芥川の素晴らしさは、その日本語の美しさと物語の展開の上手さにあります。同じ題材であっても、彼でなければこれほどの美しい表現にはなり得なかったと思われる箇所が少なくありません。

その作品には、芥川にしか出せない「品の良さ」というものがあるのです。たとえ悲しい場面や辛い心理描写をする場面でもその美しさは変わることがない。語彙が豊富で、かつ丁寧なものの言い方、そこには彼の卓越した知性が窺(うかが)われます。その品格ある、きらびやかな文章を音読することで、彼の研(と)ぎ澄まされた知性が子どもたちにも乗り移ってくることでしょう。

知性を磨くには、知性を磨くための砥石(といし)が必要ですが、芥川の文章はまさにその砥石となるものです。あの夏目漱石にも絶賛された名文を支える豊富な語彙力、読者の頭の中に作品の情景を思い浮かばせることのできるイメージ喚起(かんき)力。中でも彼は短編の名手で、短い文章の中で次々と物語を展開させ、場面ごとに人の心情の変容を活写しています。

そうやって芥川は人の奥底にある心の揺らぎを、私たちに切り開いて見せてくれます。その文章を読むことによって、人間心理の奥底を見抜き、理解する力が備わってきます。この能力は子どもたちの読解力を向上させるとともに、長い人生を生きていくうえでも大きな武器となってくることでしょう。

「速音読ドリル」シリーズには、中学校や高校で習うような作品も入っていますが、難しい言葉が出てきてもあまり気にしないで読んでください。文脈から言葉の意味を推測することも一つの訓練です。声に出すことで難しい言葉にも徐々に慣れていくことでしょう。
もちろん、小学生用の辞書を自分で引くことも勉強になりますし、親御さんが一緒に調べたり、教えてあげたりしても構いません。いずれにせよ、最高級の文学作品を読んでいるのだという自負、それが子どもたちの自尊心に繋(つな)がり、自己肯定力を高めてくれるはずです。

本書では、その他にも様々なタイプの異なる名文を収録しました。一つひとつの文章から、それぞれの世界観をしっかり味わい、ぜひ自分のものにしてみてください。国語力向上の最大の秘訣は、早い時期によい日本語に出逢うことにあります。小学生の頃から名文を音読して素晴らしい日本語を体に刻み込み、一生の財産となる言葉の糧(かて)をさらに増やしていってほしいと心から願っています。

令和二年五月吉日

齋藤 孝

主要参考・引用文献

杜子春　芥川龍之介
『羅生門 蜘蛛の糸 杜子春 外十八篇』（文春文庫）

蜘蛛の糸　芥川龍之介
『羅生門 蜘蛛の糸 杜子春 外十八篇』（文春文庫）

羅生門　芥川龍之介
『羅生門 蜘蛛の糸 杜子春 外十八篇』（文春文庫）

鼻　芥川龍之介
『羅生門 蜘蛛の糸 杜子春 外十八篇』（文春文庫）

名人伝　中島敦
『教科書で読む名作　山月記・名人伝』（ちくま文庫）

駈込み訴え　太宰治
『走れメロス』（新潮文庫）

女生徒　太宰治
『走れメロス』（新潮社）

富嶽百景　太宰治
『走れメロス』（新潮文庫）

檸檬　梶井基次郎
『檸檬』　梶井基次郎（新潮文庫）

放浪記　林芙美子
『放浪記』（岩波文庫）

たけくらべ　樋口一葉
『にごりえ・たけくらべ』樋口一葉（岩波文庫）

遠野物語　柳田国男
『遠野物語・山の人生』（岩波文庫）

学者アラムハラドの見た着物　宮沢賢治
『インドラの網』（角川文庫）

三好達治の詩
『三好達治詩集』河盛好蔵／編（新潮文庫）

坂村真民の詩
『坂村真民一日一詩』坂村真民
藤尾秀昭／編（致知出版社）

万葉集
『万葉集 全訳注原文付』（一）（二）（三）（四）
中西進（講談社文庫）

漢詩
『吟剣詩舞道漢詩集（続 絶句編）』（財）日本吟剣詩舞振興会、吟詠教本刊行委員会／編（（財）日本吟剣詩舞振興会）
『杜甫詩選』黒川洋一／編（岩波文庫）
『日本漢詩 下 新釈漢文大系（46）』猪口篤志／編（明治書院）
『言志四録（三）』佐藤一斎　川上正光／全訳注（講談社学術文庫）

童子教
『実語教　童子教』宮周作／編（協同印刷）
『子どもと声に出して読みたい「童子教」』
齋藤孝（致知出版社）

唱歌
『日本唱歌集』堀内敬三・井上武士／編（岩波文庫）

＊音読しやすいよう、改行を加えた箇所、字下げをした箇所、旧仮名遣いを現代仮名遣いに改めた箇所、漢字を新字体に改めた箇所、半角空きにした箇所、句読点を割愛した箇所、読み仮名を現代的に改めた箇所などがあります。
＊漢字の読み仮名は、原典のままを現代仮名遣いに改めました。原典に読み仮名の付いていない漢字と繰り返し記号には、前後の文脈から判断し、ふさわしいと考えられる読み仮名を付けました。
＊作品によっては、差別的表現や語句が使用されている箇所がありますが、原作の独自性や文化性を考慮し、原文のまま収録しました。

がんばったねシート

1分で読めたらぬりつぶそう！

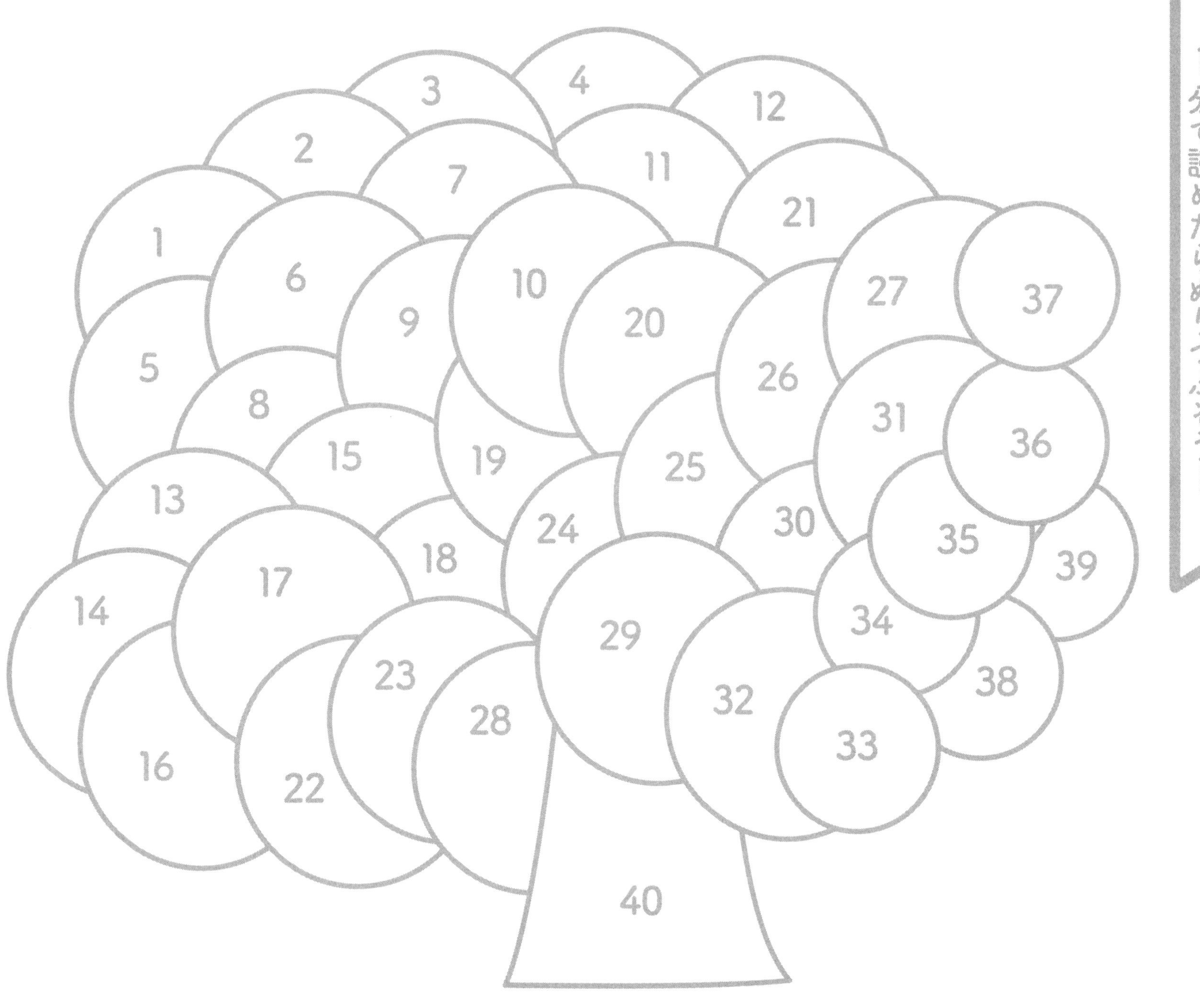

監修者略歴

齋藤 孝（さいとう・たかし）

昭和35年静岡県生まれ。東京大学法学部卒業。同大学教育学研究科博士課程を経て、現在、明治大学文学部教授。専門は教育学、身体論、コミュニケーション技法。著書に『国語の力がグングン伸びる1分間速音読ドリル』『齋藤孝のこくご教科書 小学1年生』『楽しみながら1分で脳を鍛える速音読』『楽しみながら日本人の教養が身につく速音読』『子どもと声に出して読みたい「実語教」』『親子で読もう「実語教」』『子どもと声に出して読みたい「童子教」』、川島隆太氏との共著に『素読のすすめ』（いずれも致知出版社）などがある。NHK Eテレ『にほんごであそぼ』の総合指導も務める。

国語の力がもっとグングン伸びる
1分間速音読ドリル 2

令和２年６月25日 第１刷発行

監　修　者　齋藤　孝
発　行　者　藤尾秀昭
発　行　所　致知出版社
〒150-0001　東京都渋谷区神宮前4-24-9
TEL (03) 3796-2111
印刷・製本　中央精版印刷

落丁・乱丁はお取替え致します。　（検印廃止）

© Takashi Saito 2020 Printed in Japan
ISBN978-4-8009-1235-0 C6037
ホームページ　https://www.cjocjo.co.jp
Eメール　books@chichi.co.jp

理想の国語教科書 ここに誕生!!

就学前から
小学3年生まで

AI時代に必要な国語力と人間力を
この一冊でマスターできる

ごん狐　論語　雨ニモ負ケズ
走れメロス　星の王子さま　……

NHK Eテレ『にほんごであそぼ』
総合指導・齋藤孝先生が贈る

齋藤孝のこくご教科書 小学1年生

●B5版並製
●定価＝本体1,600円＋税